PLANETA ANIMAL

EL MURCIÉLAGO

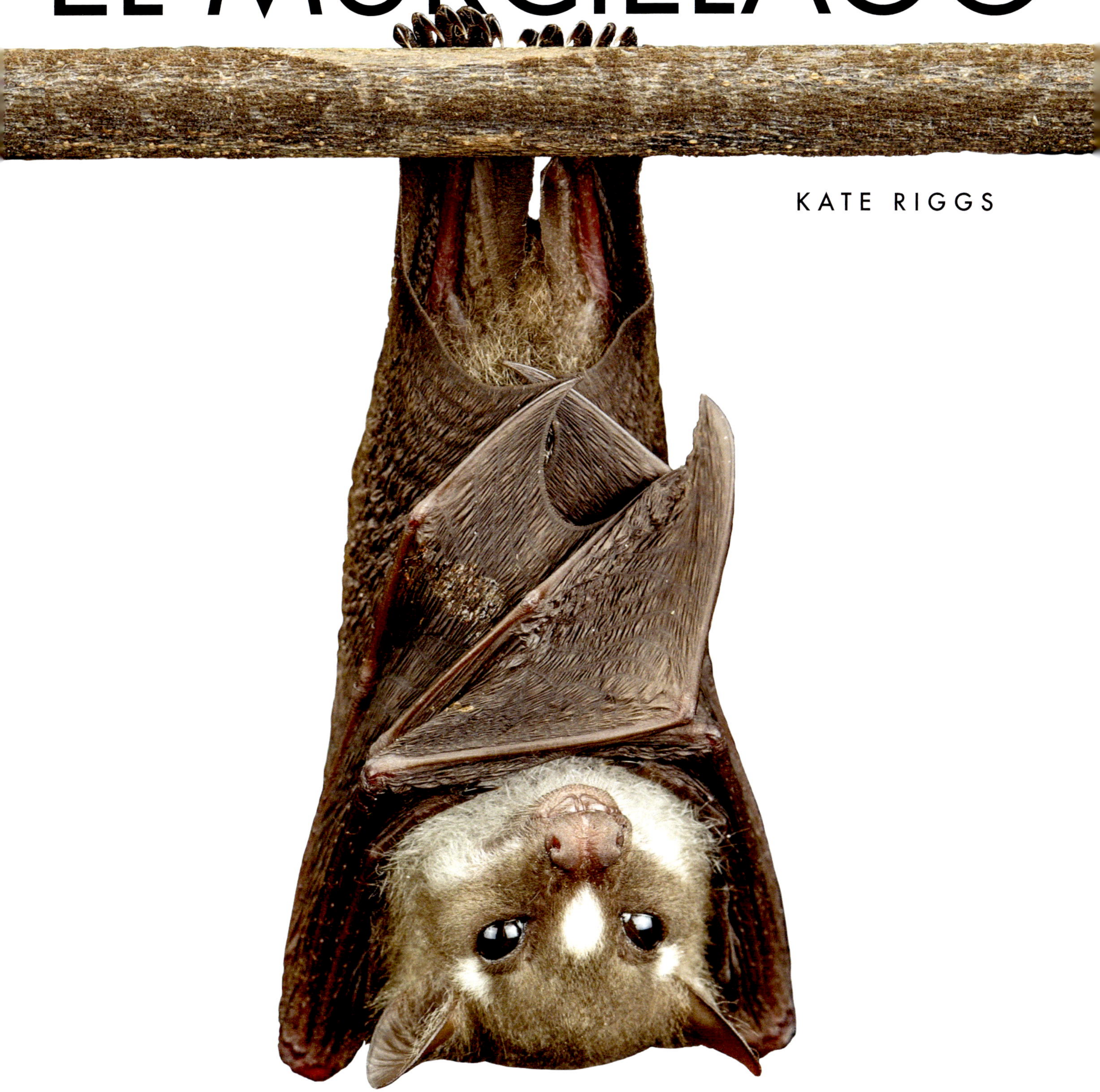

KATE RIGGS

CREATIVE EDUCATION

Publicado por Creative Education
P.O. Box 227, Mankato, Minnesota 56002
Creative Education es una marca
editorial de The Creative Company
www.thecreativecompany.us

Diseño de The Design Lab
Producción de Angela Korte & Colin O'Dea
Dirección de arte de Rita Marshall
Impreso en los Estados Unidos de América
Traducción de TRAVOD, www.travod.com

Fotografías de Alamy (AGAMI Photo Agency, National Geographic Image Collection, Rolf Nussbaumer), Dreamstime (Worldfoto), Getty Images (Theo Allofs/Corbis Documentary, DE AGOSTINI PICTURE LIBRARY, Hans Neleman, Jon Read/Moment, Dennis Stewart/500px, Carlton Ward/National Geographic Image Collection), iStockphoto (Martin Janča, KirsanovV, Mark Kostich, Y.Gurevich)

Información del Catálogo de publicaciones de la Biblioteca del Congreso is available under PCN 2019931248.
ISBN 978-1-64026-262-1 (library binding)

Tabla de contenido

Una piel delgada se extiende entre cada uno de los dedos para formar alas fuertes y flexibles.

Los murciélagos pueden hallarse en todo el mundo. La mayoría de los murciélagos viven en lugares cálidos. Hay más de 1200 tipos de murciélagos. Son los únicos **mamíferos** que pueden volar.

mamíferos animales que tienen pelo o pelaje y alimentan a sus bebés con leche

Todos los murciélagos tienen dos alas grandes y patas pequeñas. Sus cuerpos están cubiertos de un suave pelaje. Algunos murciélagos son de color amarillo, gris, rojo, o incluso anaranjado. Pero la mayoría son de color negro o marrón.

Los pequeños murciélagos blancos hondureños lucen suaves pelajes blancos.

Los murciélagos más grandes son zorros voladores gigantes de corona dorada. ¡Sus alas se extienden más de cinco pies (1.5 m) de ancho! Los murciélagos abejorros son los más pequeños. Sólo miden 1.2 pulgadas (3 cm) de largo. ¡Pesan menos que una moneda de un centavo!

Los zorros voladores pesan un poco menos de tres libras (1.4 kg).

Los micromurciélagos pueden hibernar en cuevas o grietas durante seis meses.

Los dos grupos de murciélagos son denominados megamurciélagos y micromurciélagos. Los megamurciélagos viven en lugares cálidos. A los micromurciélagos también les gusta el calor, pero pueden vivir en zonas más frías. Muchos **hibernan** cuando hace demasiado frío. Algunos **emigran** a zonas más cálidas durante el invierno.

emigrar trasladarse de una zona a otra, especialmente de manera regular según las estaciones

hibernar pasar el invierno en un solo lugar, durmiendo la mayor parte del tiempo

Los megamurciélagos propagan polen y semillas, mientras que los micromurciélagos se encargan de deshacerse de las plagas.

Los megamurciélagos comen fruta. Algunos también comen **néctar**. Los micromurciélagos comen insectos, ranas, y pájaros. Algunos incluso comen pescado. Los tres tipos de murciélagos vampiros son micromurciélagos. Ellos beben sangre de animales.

néctar un líquido azucarado que producen las plantas

Los cachorros de zorro volador permanecen con sus madres más tiempo que otros cachorros de murciélago.

La mayoría de las madres murciélago tienen un **cachorro** cada año. Los micromurciélagos recién nacidos son ciegos y no tienen pelo. Los megamurciélagos nacen con los ojos abiertos. Estos tienen pelaje. Los cachorros beben la leche de su madre. Comienzan a volar cuando tienen entre dos y seis semanas de vida.

cachorro un murciélago bebé

Las patas del murciélago se traban en una posición, lo que les permite dormir sin perder su agarre.

Los murciélagos son animales nocturnos. Esto significa que duermen durante el día y están despiertos durante la noche. Los murciélagos **se posan** boca abajo en árboles o cuevas durante el día. Ellos vuelan por la noche. Es entonces cuando encuentran comida.

posarse unirse con otros murciélagos para dormir o descansar

La ecolocación incluso le dice a los micromurciélagos en qué dirección se mueve la presa.

Los megamurciélagos pueden ver colores. Esto les ayuda a encontrar frutas que están listas para comer. Los micromurciélagos encuentran comida a través de la **ecolocación**. Esto les dice cuándo la **presa** está cerca. Luego se abalanzan y la atrapan.

ecolocación encontrar cosas enviando un sonido y escuchando los ecos que rebotan de los alrededores

presa animales que otros animales matan y comen

La gente puede ver a los murciélagos en cuevas. Miles de murciélagos cola de ratón mexicanos viven en el Parque Nacional de las Cavernas de Carlsbad en Nuevo México. Muchas personas también pueden ver murciélagos cerca de sus casas. ¡Es emocionante ver a estos mamíferos alados volar por la noche!

En los Estados Unidos hay cerca de 50 tipos diferentes de murciélagos.

Un cuento sobre murciélagos

Hace mucho tiempo, el león se convirtió en el rey de la selva. Les dijo a los murciélagos que eligieran el grupo al que pertenecían. Los murciélagos dijeron que eran animales. Pero los animales dijeron que los murciélagos no pertenecían a ese grupo porque tenían alas. Así que los murciélagos trataron de unirse a los pájaros. Los pájaros dijeron que los murciélagos no pertenecían a su grupo porque no ponían huevos. Esta es la razón por la cual los murciélagos solo salen por la noche cuando otras criaturas duermen.

Índice